NEW SHELTERS
SUSTAINABLE BUILDING SYSTEMS

© 2023 Instituto Monsa de ediciones.

First edition in April 2023 by Monsa Publications,
Carrer Gravina 43 (08930) Sant Adrià de Besós.
Barcelona (Spain)
T +34 93 381 00 93
www.monsa.com monsa@monsa.com

Editor and Project director Anna Minguet
Art director, layout and cover design
Eva Minguet (Monsa Publications)
Printed by Cachiman Grafic

Shop online:
www.monsashop.com

Follow us!
Instagram: @monsapublications

ISBN: 978-84-17557-65-2
B. 5272-2023

NEW SHELTERS
SUSTAINABLE BUILDING SYSTEMS

monsa

INTRO Introducción

Sustainable Architecture or Bio-construction. Living as close as possible to a green or natural area is highly recommended for mental health.

Good architecture is considered to be that which blends in perfectly with the surrounding area. Nature can be integrated into architecture indirectly with environmentally friendly elements. There is the option of constructing buildings with vertical gardens that integrate this green habitat into the structure itself, whether it is a façade, roof, etc., and of including natural elements inside the building. When architecture is in tune with the location, it seeks to respect the landscape, limiting the footprint of its intervention, camouflaging its presence or building with local materials.

Indeed, today's buildings and cities endeavour to be respectful of their surroundings, uniting the environment with architecture. In some cases, this union goes beyond respecting the natural beauty that surrounds them and the intention is to establish a dialogue and consider the space as just another architectural element.

This practice seeks to transform mechanisms of conventional architecture, using materials focused on sustainability, taking into account the needs of the environment and climatic factors, renewable energies and new technologies. The optimisation and efficiency of resources not only benefits the environment, but also transforms nature, at a time when sustainability is becoming an urgent necessity in order to reverse the deterioration of the environment. This book features various projects that show us how to meet the needs of the times, of society and of our well-being. Nature shelters and transforms us as much or more than we try to transform nature.

Arquitectura Sostenible o Bioconstrucción. Vivir lo más cerca posible a un espacio verde o natural es altamente recomendable para la salud mental.

Se considera una buena arquitectura, aquella que consigue mimetizarse a la perfección con el espacio que le rodea. La integración de la naturaleza en la arquitectura se puede realizar de forma indirecta con elementos respetuosos con el medio ambiente. Existe la opción de construir edificaciones con jardines verticales que involucran ese hábitat verde en su propia estructura, ya sea fachada, techo… y la de incluir elementos naturales en el interior de la construcción. Cuando la arquitectura entiende el lugar, trata de cuidar el paisaje, limitando la huella de su intervención, camuflando su presencia o construyendo con materiales locales.

Es una realidad muy presente en las construcciones y ciudades actuales el ser respetuosos con el entorno, uniendo el medio ambiente con la arquitectura. En algunos casos esa unión va más allá de respetar la estética natural que las rodea y el objetivo es dialogar y entender el espacio como un elemento arquitectónico más.

Esta práctica persigue transformar mecanismos de la arquitectura convencional, incorporando materiales enfocados a lo sostenible, velando por las necesidades del entorno y teniendo en cuenta factores climáticos, energías renovables o nuevas tecnologías. La optimización y eficiencia de recursos permite, no solo beneficiar el entorno, sino que también transforma la naturaleza. En una época en la que la sostenibilidad se está convirtiendo en una necesidad urgente, con el fin de revertir el deterioro del entorno. Este libro presenta diferentes proyectos que nos muestran la manera de atender a las necesidades del momento, a la sociedad y a nuestro bienestar. La naturaleza nos refugia y nos transforma tanto o más que lo que nosotros tratamos de transformarla a ella.

INDEX Índice

RETREAT IN FINCA AGUY
MAPA Architects

Location Eden Town, Maldonado, Uruguay **Surface area** 378 sf. **Photographs** © Leonardo Finotti

Dwell in productive landscapes. Made to maximize new landscape experiences, Retreat in Finca Aguy was prefab-born in a factory near Montevideo and transported 200km to its final destination in Pueblo Edén on the edge of an olive field. Perfect combination of industry and landscape: new kinds of landscapes deserve new ways of dwelling.

Remote Landscapes.
To build in far away territories from the surroundings in which we usually live is a great challenge. Remoteness not as a limit but as a possibility, as a value, as a generator of fields and conditions. Remote landscapes confronts us with the awareness of immenseness. It puts us in our role in reality.

Prefab.
In landscapes of high natural value, it is fundamental to respect their original condition and so it is essential a reversibility condition. Prefabrication allows us to work with industrialized materials that enable high-precision processes. Thus amortizing the impact of construction on the ground, minimizing waste, staff in situ and displacement: a perfect combination of nature and industry.

Eppur si muove!
Houses do not move. They are made of heavy materials, put together with mortar, concrete must be used. These prejudices are hard to break, as the immobillity of constructions.
On the other hand, Prefab Houses are produced in a controlled environment and carefully made. They are born in a factory and taken to its final destination.

Houses do not move, however...

Los paisajes productivos ya no son una extensión de tierra que existe con el solo propósito de abastecer de alimentos a ciudades y comunidades próximas, tampoco un jardín creado para el solaz de quien lo mira. Son híbridos, encuentran su belleza en la coexistencia, en los usos compartidos.

Lo remoto.
Construir en territorios alejados de los entornos en los que nos movemos habitualmente es un desafío. Es un ejercicio de voluntad. Es la posibilidad de insertar un espacio habitable en dominio de lo natural. Lo remoto no como límite sino como posibilidad, como valor, como generador de dominios y condiciones.
Lo remoto nos enfrenta a la soledad, a la conciencia de nuestra escala frente a lo vasto, a lo inmenso. Nos coloca en nuestro papel en la realidad.

Lo prefab.
La prefabricación permite trabajar con materiales procesados e industrializados, que habilitan procesos de montaje de alta precisión. Así mismo, amortigua la repercusión de la construcción en el sitio, minimizando desechos, personal in situ, y desplazamientos.
En los paisajes de alto valor natural, es un valor fundamental el respeto por sus condiciones originales. La condición de reversibilidad es clave para los entornos de alta naturalidad. Conjugación de naturaleza e industria.

Eppur si muove!
Las casas no se mueven. Se hacen de materiales pesados, se unen con mortero, se usa hormigón. Estos preconceptos son duros de quebrar. Igual que la inmobilidad de lo construido.
La prefabricación genera un modo de producción eficiente, con una sede donde los trabajos ocurren. La casa se produce en un ambiente controlado y es confeccionada minuciosamente. El paso siguiente es llevarla a su ubicación final.

Las casas no se mueven, sin embargo...

Partners Luciano Andrades, Matías Carballal, Rochelle Castro, Andrés Gobba, Mauricio López, Silvio Machado. **Project team** Pablo Courreges, Mauricio Müller, Emiliano Lago, Diego Morera. **Transport record** MAPA. **Assembly and installation** Nebimol. **Transport** Carrión. **Interior design** BoConcept. **Lightning** Trios Lighting. **Domotics** Lutron. **Sanitary equipment** Hansgrohe. **Home appliances** Ariston. **Metal equipment** Shafel S.A. **Marble and granite** Anibal Abbate. **Solar panels** Chromagem.

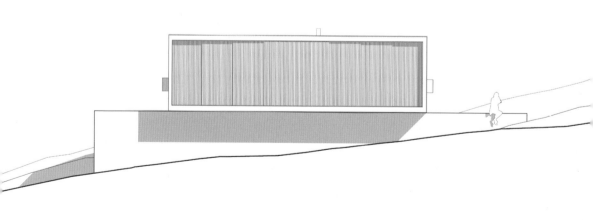

1:0

Closed facade

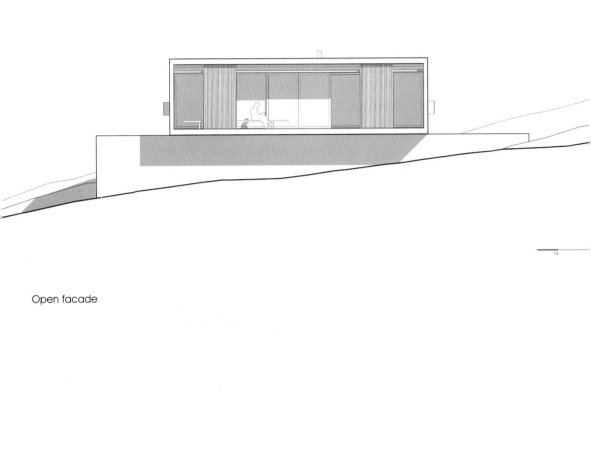

Open facade

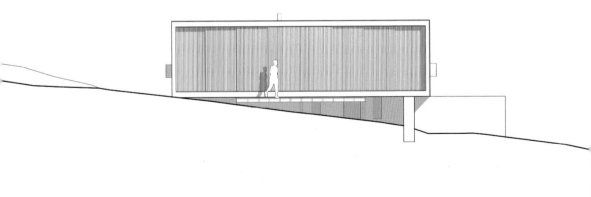

Closed rear facade

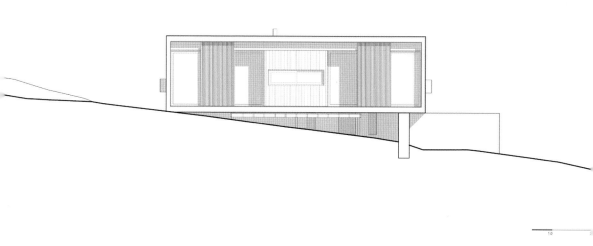

Rear facade open

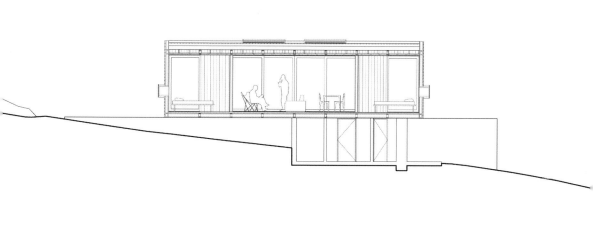

Longitudinal cut

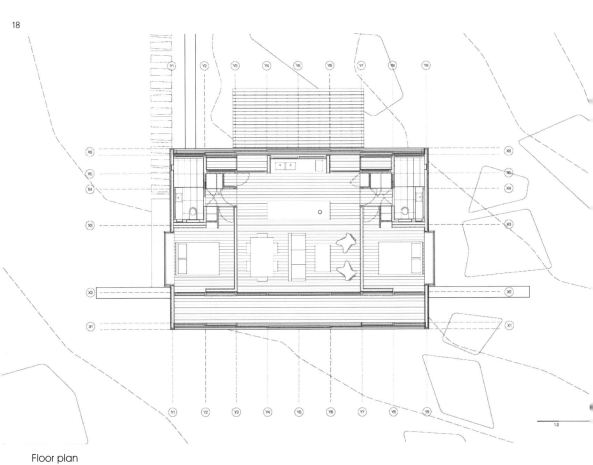

Floor plan

Unfolded Axonometrics 01

1. Galvanized sheet metal sheet
2. Galvanized corrugated sheet - Natural color
3. Oregon pine wood 22 mm (boards 14 cm)
4. Steel frame structure
5. Black anodized aluminum
6. Oregon pine wood (14 cm boards)
7. Black ardosia stone 30X60 cm
8. Grapia wood deck 1st
9. Oregon pine wood 22 mm (boards 14 cm)
10. Grapia wood deck 1st
11. Steel frame structure
12. Formed steel profile
13. Lapacho wood slats
14. Galvanized corrugated sheet - Natural color
15. Lapacho wood
16. Crystal

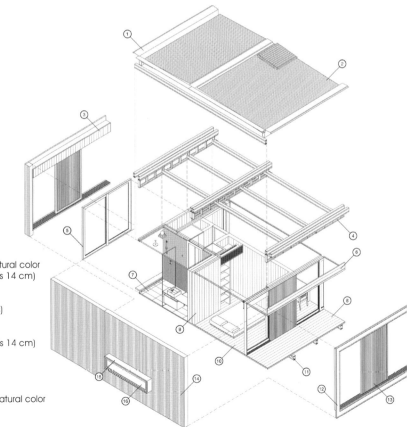

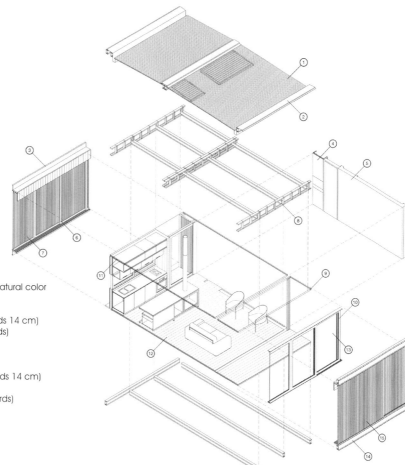

Unfolded Axonometrics 02

1. Galvanized corrugated sheet - Natural color
2. Galvanized sheet metal sheet
3. Formed steel profile
4. Oregon pine wood 22mm (boards 14 cm)
5. Oregon pine wood (15 cm boards)
6. Painted iron frame
7. Lapacho wood slats
8. Steel frame structure
9. Oregon pine wood 22 mm (boards 14 cm)
10. Black Anodized Aluminum
11. Oregon pine wood (14 cm boards)
12. Grapia wood flooring 1st
13. Crystal
14. Formed steel profile
15. Lapacho wood slats

THE FILMMAKERS HUT
Pirinen Salo Oy

Location Lisalmi, Finland **Surface area** 258 sf. **Photographs** © Marc Goodwin/Archmospheres

The Filmmakers Hut is a small shingle-clad workspace on the shore of lake Porovesi in central Finland. It is the client's very own secret place of imagination, dreams, and new ideas.

The hut rejects the current paradigm of nordic architecture and draws influences from the imaginary universe of the adventure movies of the '80s. The movies of that time are a high culture for the children of the era. That is why it rejects the obvious and pursues baroque galore, mysticism, and multi-sensual experience.

The path to the workspace follows the shoreline to the ruins of stone foundations in the middle of a small meadow guarded by huge old pine trees. The path acts as a transition from the mundane to the dream world of creative work. At the side of the meadow waits for an ancient sacred building lost in time now transformed into a shrine of cinema. The exterior of the small hut is a delusion. By using small tar coated shingle as the exterior cladding and by designing the exterior detailing to appear scaleless the hut is made to appear much larger than its actual physical size. This in turn makes the surrounding nature and landscape appear colossal. The building is in short a 1:1 scale miniature. The tar-coated shingle has the same material intensity as the surrounding nature and makes the building blend into its surroundings and shadows exceptionally well.

The Filmmakers Hut es un pequeño espacio de trabajo revestido de tejas en la orilla del lago Porovesi en el centro de Finlandia: es el lugar secreto de imaginación, sueños y nuevas ideas del cliente.

La cabaña rechaza el paradigma actual de la arquitectura nórdica y se alimenta de influencias del universo imaginario de las películas de aventuras de los años 80, las cuales representan un pozo cultural para los niños de la época. Por ello, rechaza lo obvio y persigue el barroquismo, el misticismo y la experiencia multisensorial.

El camino al espacio de trabajo sigue la costa hasta las ruinas de los cimientos de piedra en medio de un pequeño prado custodiado por enormes pinos viejos. El camino actúa como una transición de lo mundano al mundo onírico del trabajo creativo. Al costado del prado espera un antiguo edificio sagrado perdido en el tiempo ahora transformado en un santuario de cine. El exterior de la pequeña cabaña es una ilusión. Al utilizar pequeñas tejas recubiertas de alquitrán como revestimiento exterior y al diseñar los detalles exteriores para que parezca no tener escamas, la choza parece mucho más grande que su tamaño físico real. Esto, a su vez, hace que la naturaleza y el paisaje circundantes parezcan colosales. El edificio es, en definitiva, una miniatura a escala 1:1. La teja recubierta de alquitrán tiene la misma intensidad material que la naturaleza circundante y hace que el edificio se fusione excepcionalmente con su entorno y sus sombras.

Construction Pekka Repo, Hannu Komulainen, Toni Komulainen, Meserak Oy **Contact** www.meserak.fi

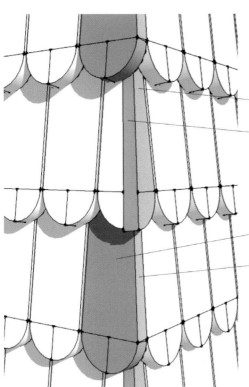

"Half" shingle to be installed on top.
Instalar "media" teja en la parte superior.

The visible cut side of the shingle.
El lado cortado visible de la teja.

A "whole" shingle to be installed on top.
Instalar teja "completa" en la parte superior.

The visible cut side of the shingle.
El lado cortado visible de la teja.

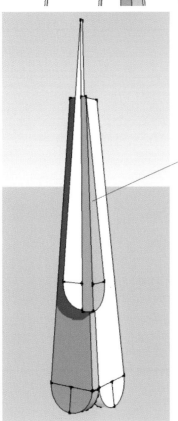

"Half" shingle to be installed on top. If necessary, the shingle is fixed to the background with a stainless steel plate (if there is not enough adhesive surface left for the hidden fixing of the shingle.

Instalar "media" teja en la parte superior. Si es necesario, la teja se fija en el fondo con una placa de acero inoxidable (si no queda suficiente superficie adhesiva para la fijación oculta de la teja).

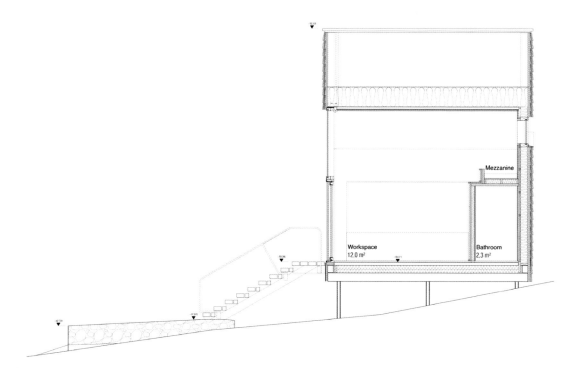

Section AA

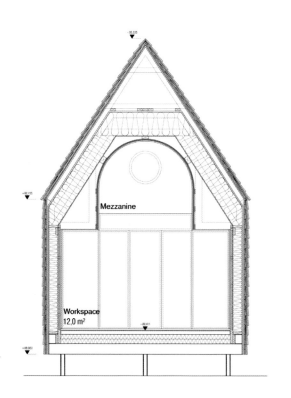

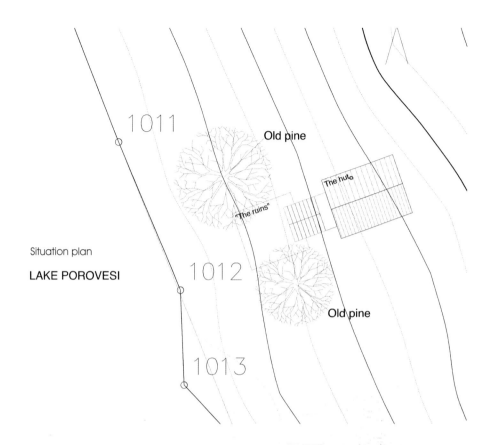

Situation plan

LAKE POROVESI

1011

Old pine

"The ruins"

The hut

1012

Old pine

1013

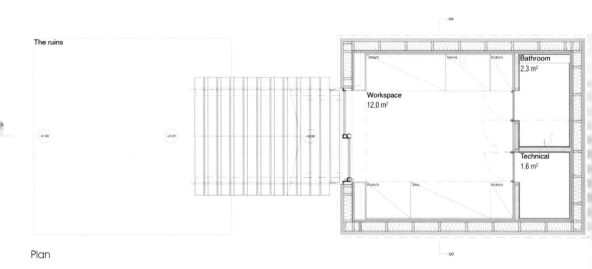

The ruins

Workspace
12,0 m²

Bathroom
2,3 m²

Technical
1,6 m²

Plan

SMOKEWOOD GARZÓN
MAPA Architects

Location Garzón, Uruguay **Surface area** 394 sf. **Photographs** © Aldo Lanzi (Architecture), Tali Kimelman (Landscape)

Smokewood Garzón is a rural retreat located deep in the prairies of south-eastern Uruguay.

The project transforms and expands the existing ranch to adapt it to contemporary and sustainable country life that keeps the origins that previously gave it meaning alive.

Hannah, Jamie and their children Weston and Emerson discovered in this traditional country landscape the perfect place to build their second home, a truly remote retreat, 9000 kilometers from their main residence in Southport, CT, USA.

Close to the emblematic town of Garzón, they imagined there a residence capable of condensing the local country imagery with reminiscences of the rural life of Montana, where Hannah lived her childhood, and in which Jamie could cook his own meals around the fire, much like his admired chef Francis Mallmann.

For this reason, the architectural project is developed through two main actions in relation to the preexistence.

First, the recycling of the existing wood and stone ranch, which was already located in the best part of the site, to now house the social areas of the house in a single space.

Then, the archetypal section of the ranch is extruded defining two new wings at the ends to give rise to the new main rooms. This aggregation operation is evident in the metallic exterior finish, generating a strong material contrast with the rusticity and wear of the old. Smokewood Garzón aims to live comfortably off the grid. Miles deep in the open field, the house has no access to infrastructure networks, so its water and power supply systems, such as waste, sanitation or heating systems, must be autonomous and self-sufficient. Thus, it interacts a respectful manner with the past and with the future, seeking to redefine new ways of living in rural settings.

Smokewood Garzón es un refugio rural ubicado en lo más profundo de las praderas del sur-este uruguayo. El proyecto transforma y expande el rancho existente para adaptarlo a una vida de campo contemporánea y sustentable que mantiene activos los orígenes que anteriormente le dieron sentido.

Hannah, Jamie y sus hijos Weston y Emerson, descubrieron en este tradicional paisaje de campo el sitio perfecto donde construir su segunda casa, un verdadero refugio remoto, a 9000 kilómetros de su residencia principal en Southport, CT, USA.

Cercana al emblemático pueblo Garzón, pero también a José Ignacio y el Oceáno Atlántico, imaginaron allí una residencia capaz de condensar el imaginario campestre local con reminiscencias a la vida rural de Montana, donde Hannah vivió su infancia. Por esto, el proyecto arquitectónico se desarrolla mediante dos acciones principales en relación a las preexistencias.

Primero, el reciclaje del rancho existente, de madera y piedra, que se encontraba ya asentado en el mejor paraje de los terrenos, para albergar ahora en un único espacio las áreas sociales de la casa.

Luego, la sección arquetípica del rancho es extruida definiendo dos nuevas alas en los extremos para dar lugar a las nuevas habitaciones principales. Está operación de agregación se evidencia en el acabado exterior metálico generando un fuerte contraste material con la rusticidad y el desgaste de lo antiguo. Smokewood Garzón se propone vivir cómodamente fuera de la red. A kilómetros de profundidad en campo abierto, la casa no tiene acceso a redes de infraestructura, por lo que sus sistemas de suministro de agua y energía, como los de desechos, saneamiento o calefacción deben ser autónomos y autosuficientes. Así, se presenta de manera respetuosa con el pasado y también con el futuro, buscando redefinir nuevos modos de vivir en entornos rurales.

Partners Luciano Andrades, Matías Carballal, Andrés Gobba, Mauricio López, Silvio Machado **Project Team:** Pablo Courreges, Martina Pedreira, Diego Morera, Emiliano Lago, Fabián Sarubbi, Sebastián Lambert, Emilia Dehl, Alejandro Cuadro, Victoria Muniz, Flavio Faggion, Diamela Meyer, Sandra Rodríguez, Agustín Dieste, João Bernardi, Helena Utzig, Lucas Marques, Débora Boniatti, Juliana Colombo, Amanda Cappelatti, Pedro Reichelt, Lilian Wang **Construction:** Ibirá **Interior Design** MAPA **Off-grid equipment** SMARTGREEN

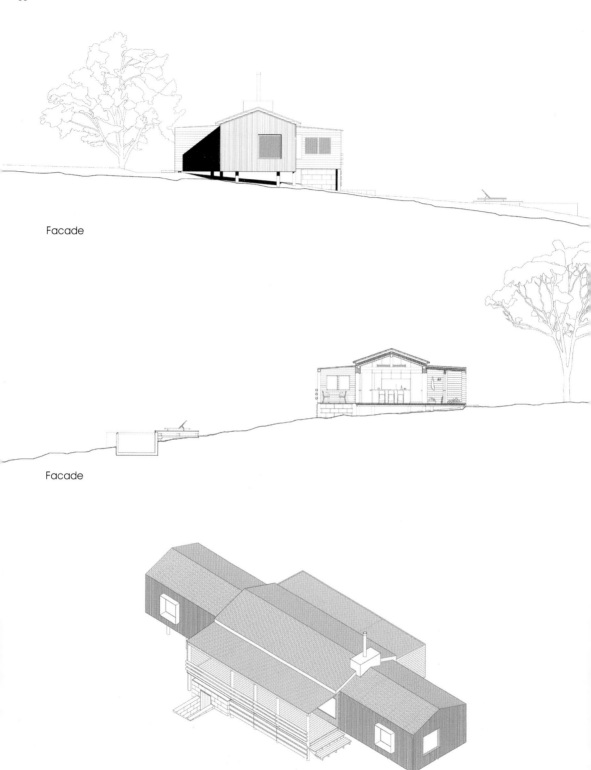

Facade

Facade

Axonometric plan

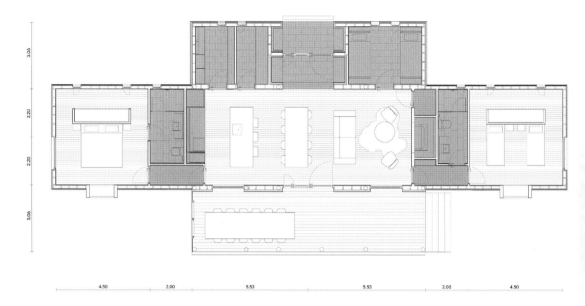

Floor plan

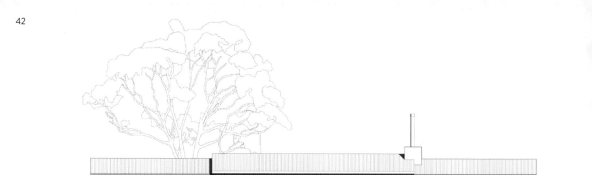

Front elevation

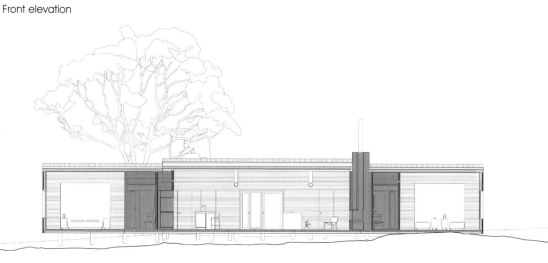

Section

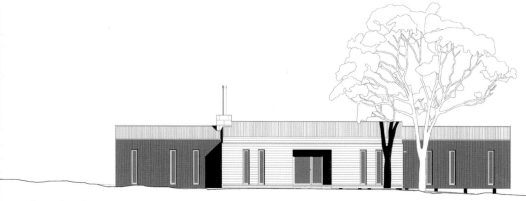

Rear elevation

ZEB PILOT HOUSE
Snøhetta

Location Kingston, Tasmania, Australia **Surface area** 2,368 sf. **Photographs** © Bruce Damonte, Snøhetta, EVE

ZEB Pilot House is a cooperation between Snøhetta; SINTEF, the largest independent research organization in Scandinavia; the partner of ZEB; Brødrene Dahl, and Optimera. Although the project focuses on the design of a detached house, it has become a demonstration platform to facilitate learning about the methodology of construction using integrated sustainable solutions.

The design of an ambitious environmental project such as this is driven by knowledge of new technologies, local energy sources, materials and construction techniques, and other local resources, as well as the intelligent placement and orientation of the house to make optimal use of energy resources. Clearly, high environmental ambitions create new parameters in the design process.
In parallel, the project retains the comfortable qualities that are vital in any home. The need to achieve comfort and a sense of well-being dominates the design process to the same extent as its energy demands. To this end, the project boasts a variety of spaces that can be enjoyed throughout the year and includes fruit trees and vegetable gardens outside to accommodate small-scale food production.

La construcción de esta casa resulta de la cooperación entre: Snøhetta, SINTEF, que es el mayor organismo de investigación independiente de Escandinavia, el socio de ZEB, Brødrene Dahl, y Optimera. El proyecto, aunque se centra en el diseño de una vivienda unifamiliar, se materializa para ser utilizado como plataforma de demostración que facilite el aprendizaje de la metodología utilizada para una construcción con soluciones sostenibles integradas.

El diseño de un proyecto ambiental ambicioso como este se impulsa a partir del conocimiento de nuevas tecnologías, fuentes de energía locales, materiales y técnicas de construcción y otros recursos del lugar, así como a partir de la colocación y orientación inteligente de la vivienda de manera que se facilite la óptima utilización de los recursos energéticos. Es evidente, las elevadas ambiciones ambientales crean nuevos parámetros en el proceso de diseño.
Paralelamente, el proyecto no olvida en ningún momento retener las cualidades hogareñas ideales para toda vivienda. La obtención de confort y de sensación de bienestar gobiernan el proceso de diseño en la misma medida que las demandas energéticas. Con este fin, el proyecto posee toda una variedad de espacios que se pueden disfrutar durante todo el año e incluye en el exterior árboles frutales y huertos para dar cabida a la producción de alimentos a pequeña escala.

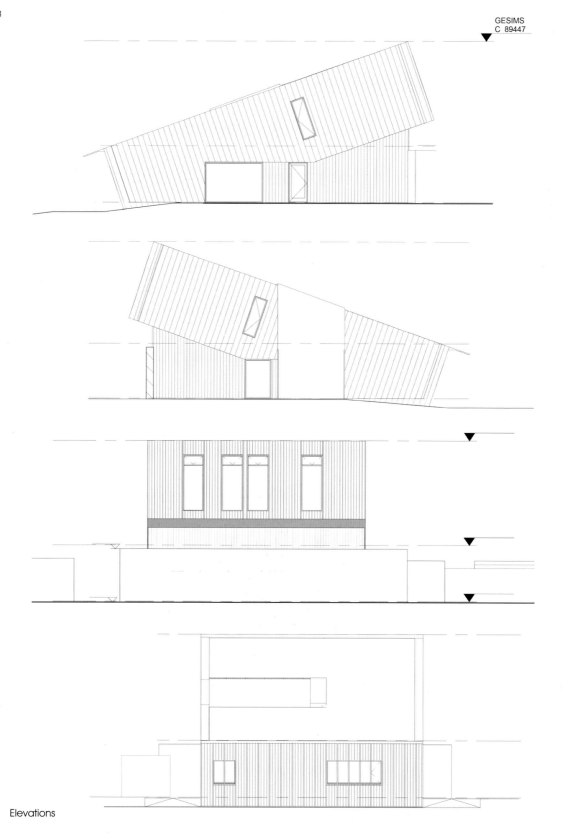

Elevations

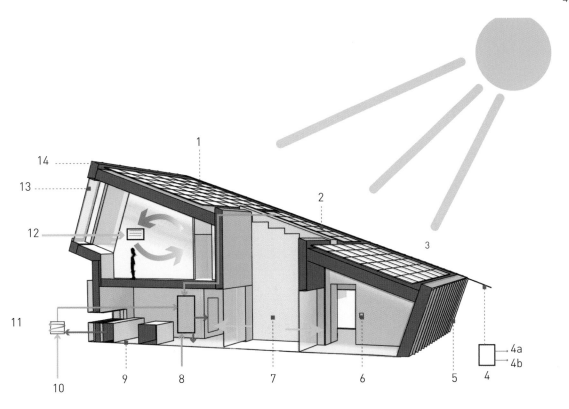

Diagram of low energy consumption and bioclimatic strategies

1. Solar cells (photovoltaic panels) 1,600 ft2 - 19200 kWh/year.
2. Solar collectors 170 ft2 - 4000 kWh/year.
3. Roof slope 19.
4. Rainwater collection.
4a. Toilet / 4b. Garden.
5. Passive exterior sun shading.
6. Light and air are automatically controlled based on use and need.
7. Thermal mass stabilizes the temperature.
8. The boiler gets heated water from the solar collectors, an energy well, the air system, and the water heat recovery systems.
9. Radiant floor heating heats the house.
10. Gray water heat recovery, drain water heat recovery.
11. One radiator on each floor can heat the whole house.
12. Excess heat from the indoor air is used to heat the incoming air and tap water.
13. Windows with a good U-value.
14. Efficient insulation.

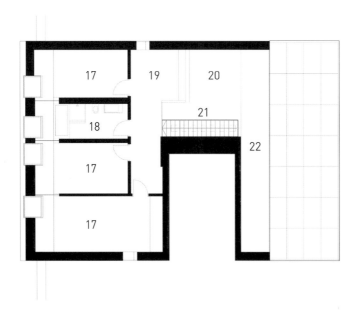

First floor

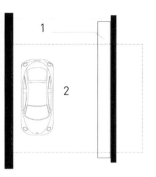

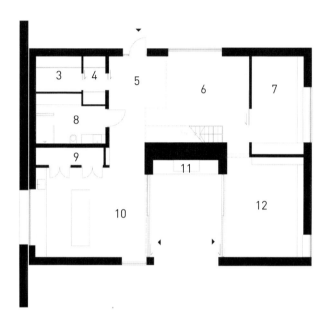

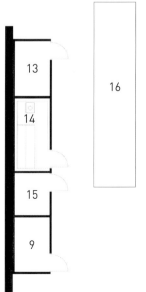

Ground floor

1. Inverters and battery bank.
2. Carport / Cyclepart.
3. Storeroom.
4. Cloak room.
5. Entrance.
6. Multimedia room.
7. Guest room / Office.
8. Bathroom / Washroom.
9. Technical room.
10. Kitchen / Dining room.
11. Fireplace.
12. Living room.
13. Garden storage.
14. Sauna.
15. Outside shower.
16. Swimmimg pool.
17. Bedrooms.
18. Bathroom.
19. Mezzanine.
20. Void.
21. Skylight.
22. Cut volume.

The sloped roof is festooned with solar panels, which, along with geothermal energy, cover the house's energy needs and generate more than enough energy to supply an electric car all year long.

From early spring until late autumn, an open-air atrium with outdoor furniture invites life outside the home into a beautiful space with walls made of recycled wood and stacked bricks.

El techo inclinado de la casa está recubierto con paneles solares. Junto con la energía geotérmica, cubren las necesidades energéticas de la casa y generan excedente suficiente para alimentar un coche eléctrico durante todo el año.

Un atrio al aire libre, con mobiliario de exterior, invita a la vida fuera de la vivienda desde principios de primavera hasta finales de otoño, en un bello espacio con paredes de leña reciclada y ladrillos apilados.

ENTRANCE BUILDING HOORNEBOEG
WOONPIONIERS

Location Nederlands **Surface area** 441 sf. **Photographs** © Nina van den Broek

Entrance Building Hoorneboeg

At Woonpioniers we see the development of architecture that really blends into the landscape in beautiful places as a wonderful responsibility. The entrance building that we were allowed to design for the estate "de Hoorneboeg" in Hilversum is an example of this.

Estate de Hoorneboeg connects people with themselves, each other and nature. Between its age-old trees, in the old stately houses, the gardener's house with a greenhouse, a guest house, a library and a farm with 2 large barns, initiatives are housed around the themes of nature, culture and spirituality. Deliberately small-scale and light-footed, the entrance building provides a pleasant counterbalance to the old and stately buildings on the estate.

To really blend in with the forest, the building is deliberately positioned in close proximity to the trees. Screw foundations make it possible to do this without damaging the tree roots or depriving them of nutrients. In the evening she forms a "lampion" as it were, shining light on the surrounding trees, providing a feeling of safety when you pass by during the evening.

Wherever possible the building is constructed from biobased materials and partly finished with wood from the estate itself. In this way, at the level of its material, the building enters into a relationship with the landscape in which it is embedded.

Entrada Edificio Hoorneboeg

En Woonpioniers vemos el desarrollo de una arquitectura que realmente se fusiona con el paisaje en lugares hermosos como una maravillosa responsabilidad. Un ejemplo de ello se observa en el edificio de entrada que se nos permitió diseñar para la finca "de Hoorneboeg" en Hilversum.

El Estado de Hoorneboeg conecta a las personas consigo mismas, entre sí y con la naturaleza. Entre sus árboles centenarios, en las antiguas casas señoriales, la casa del jardinero con invernadero, una casa de huéspedes, una biblioteca y una finca con 2 grandes hórreos, se albergan iniciativas en torno a los temas de la naturaleza, la cultura y la espiritualidad. El edificio de entrada, concebido intencionalmente a pequeña escala y de estilo ligero, ofrece un agradable contrapeso a los antiguos y majestuosos edificios de la finca.

Para integrarse de verdad en el bosque, el edificio se coloca deliberadamente muy cerca de los árboles. Los cimientos atornillados permiten hacer esto sin dañar las raíces de los árboles ni privarlos de nutrientes. Por la noche, forma una especie de "farolillo", iluminando los árboles circundantes, brindando una sensación de seguridad cuando se pasa por la noche.

Siempre que sea posible, el edificio se construye con materiales de base biológica y se termina parcialmente con madera de la propia finca. De esta forma, a nivel de su materialidad, el edificio entra en relación con el paisaje en el que se inserta.

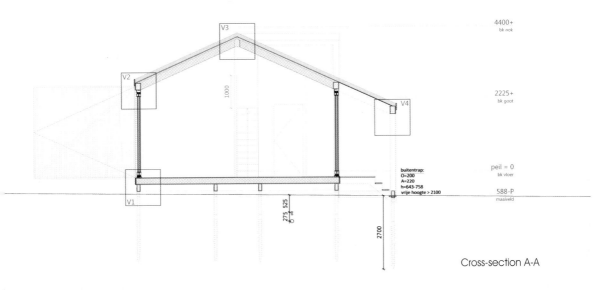

4400+
bk nok

2225+
bk goot

1000

V3

V2

V4

buitentrap:
O=200
A=220
h=643-758
vrije hoogte > 2100

peil = 0
bk vloer

588-P
maaiveld

275 525

2700

V1

Cross-section A-A

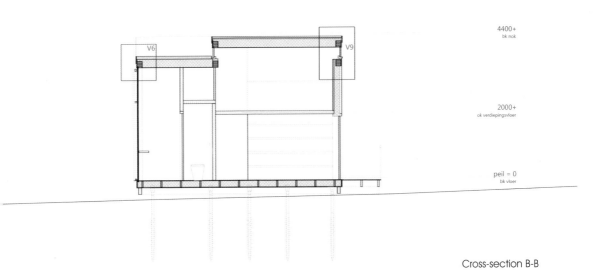

4400+
bk nok

V6

V9

2000+
ok verdiepingsvloer

peil = 0
bk vloer

Cross-section B-B

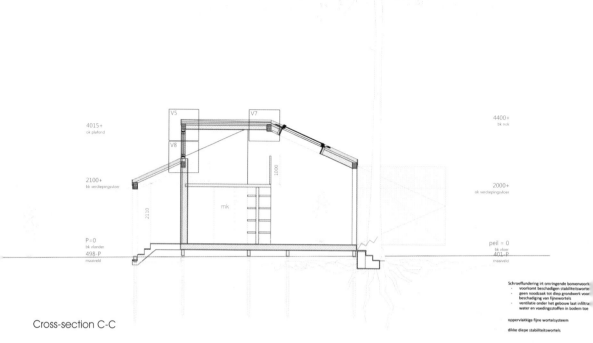

V5

V7

4015+
ok plafond

4400+
bk nok

V8

2100+
bk verdiepingsvloer

1000

2000+
ok verdiepingsvloer

2110

mk

P=0
bk vlonder

peil = 0
bk vloer

498-P
maaiveld

401-P
maaiveld

Schroeffundering irt omringende bomenvoork:
· voorkomt beschadigen stabiliteitswortel
· geen noodzaak tot diep grondwerk voor
  beschadiging van fijnewortels
· ventilatie onder het gebouw laat infiltra
  water en voedingsstoffen in bodem toe

oppervlakkige fijne wortelsysteem

dikke diepe stabiliteitswortels

Cross-section C-C

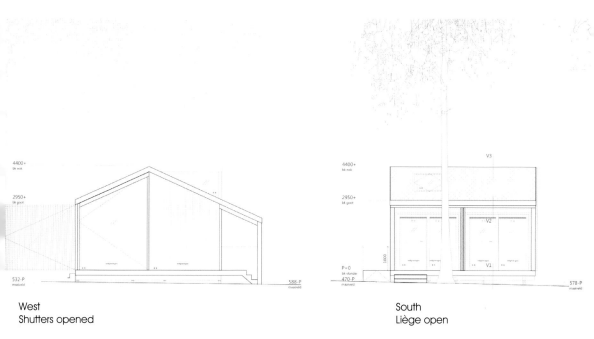

West
Shutters opened

South
Liège open

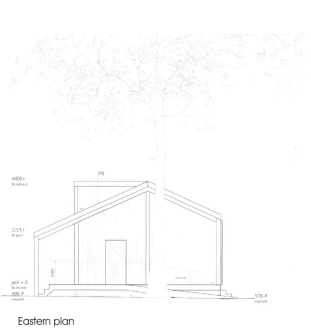

Eastern plan

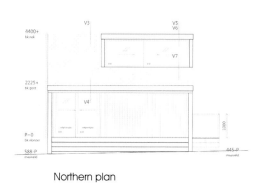

Northern plan

Map BG

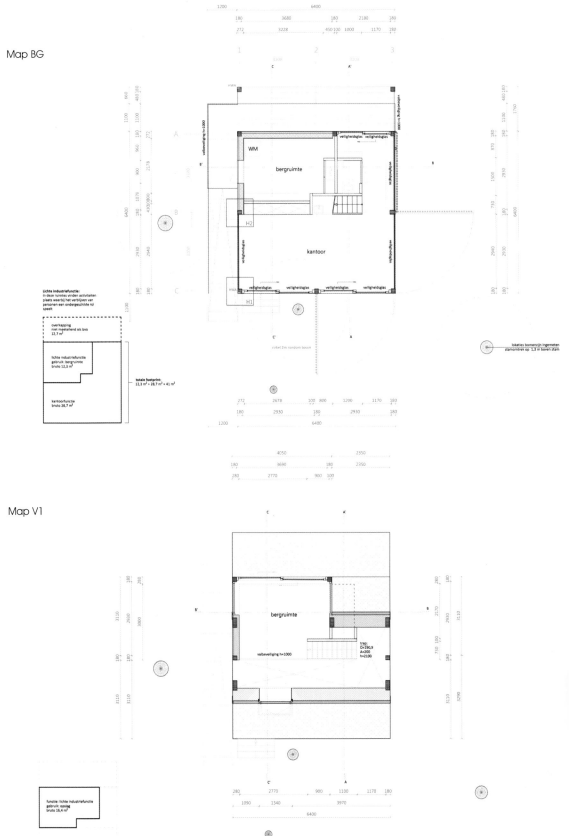

WM

bergruimte

veiligheidsglas   veiligheidsglas

H2

kantoor

H1

veiligheidsglas   veiligheidsglas   veiligheidsglas   veiligheidsglas

Lichte industriefunctie:
In deze ruimtes vinden activiteiten
plaats waarbij het verblijven van
personen een ondergeschikte rol
speelt

overkapping
niet meetellend als bvo
12,7 m²

lichte industriefunctie
gebruik: bergruimte
bruto 12,3 m²

totale footprint:
12,3 m² + 28,7 m² = 41 m²

kantoorfunctie
bruto 28,7 m²

cirkel 2m rondom boom

lokaties bomen zijn ingemeten
stamomtrek op 1,3 m boven stam

Map V1

bergruimte

valbeveiliging h=1000

trap:
O=190,9
A=200
h=2100

functie: lichte industriefunctie
gebruik: opslag
bruto 16,4 m²

CABIN IN LA JUANITA
MAPA Architects

Location José Ignacio, Maldonado, Uruguay **Surface area** 170 sf. **Photographs** © Aldo Lanzi

A black box device recording chronicles of private life and playing hide and seek amidst the woods. A prefab cabin gently camouflages itself into the wooden landscapes of La Juanita, a seaside community in the eastern shores of Uruguay. A seasonal retreat, intimate and comfortable, comprised of twin boxed modules mirrored in their geometry. Materially hiding in plain sight but, at the same time, bringing the feeling of the landscape to its inner surfaces. Assembled in a factory in Montevideo and transported ready for use to its resting place on a clearing in the woods.

One module for privacy and one for social life, generously opening themselves to the outside and inviting the surroundings into its spaces. Interacting only through a self-effacing transparent connection, built on site, serving as both an access medium and a small glimpse into the inner goings of domesticity.

Una caja negra que registra las crónicas de la vida íntima mientras juega al escondite en el bosque. Una cabaña prefabricada se camufla sutilmente en el paisaje boscoso de La Juanita, una comunidad costera del este uruguayo. Un refugio de temporada, íntimo y cómodo, compuesto por dos módulos gemelos reflejados geométricamente. Materialmente se esconde a primera vista, mientras incorpora la sensación del paisaje en las superficies de madera al interior. La cabaña fue armada en una fábrica de Montevideo y luego transportada a su lugar de descanso en un claro del bosque, lista para usar. Un módulo para la vida íntima y otro para la vida social se expanden generosamente hacia el exterior. Ambos interactúan únicamente a través de un espacio de conexión transparente, construido in-situ, que sirve como acceso a la cabaña y brinda un pequeño vistazo a las idas y vueltas de la domesticidad.

Partners Luciano Andrades, Matías Carballal, Andrés Gobba, Mauricio López, Silvio Machado **Project Team** Pablo Courreges, Martina Pedreira, Diego Morera, Emiliano Lago, Fabián Sarubbi, Sebastián Lambert, Emilia Dehl, Alejandro Cuadro, Victoria Muniz, Flavio Faggion, Diamela Meyer, Sandra Rodríguez, Agustín Dieste, João Bernardi, Helena Utzig, Lucas Marques, Débora Boniatti, Juliana Colombo, Amanda Cappelatti, Pedro Reichelt, Lilian Wang **Contractor** iHouse **Furniture** Estudio Diario, MadForModern

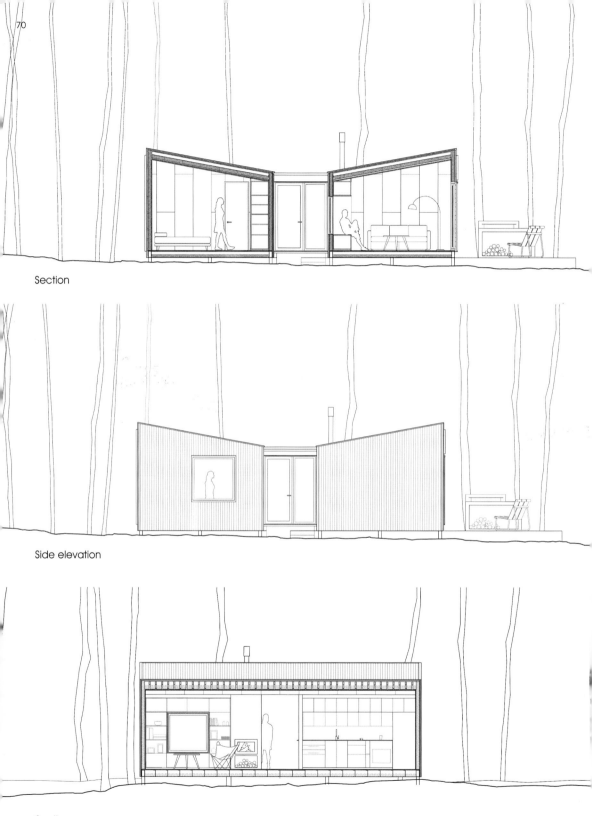

Section

Side elevation

Section

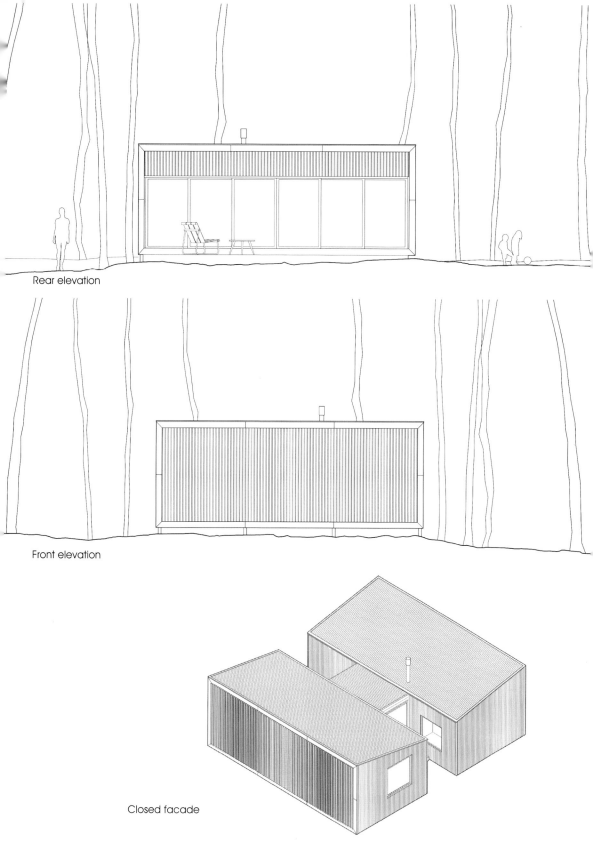

Rear elevation

Front elevation

Closed facade

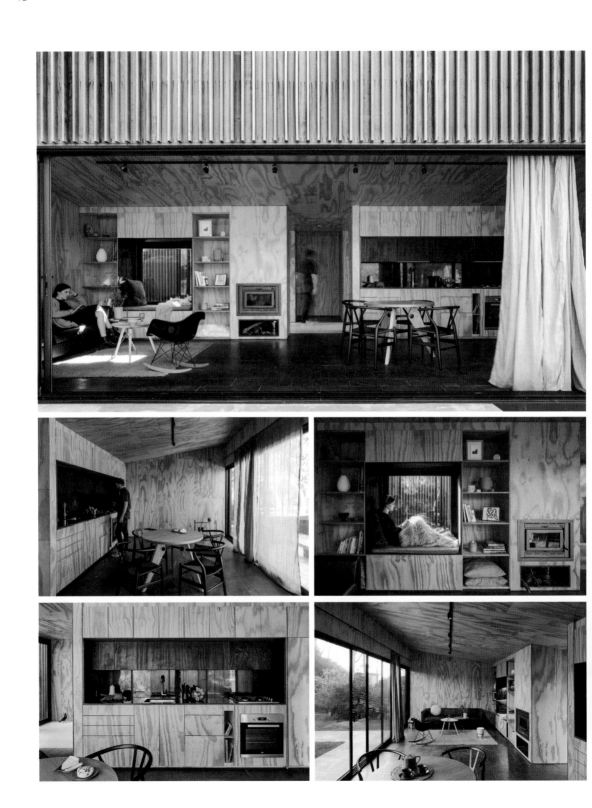

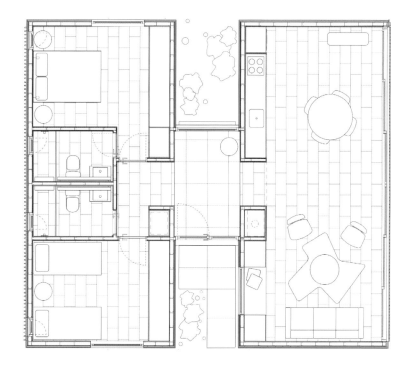

Floor plan

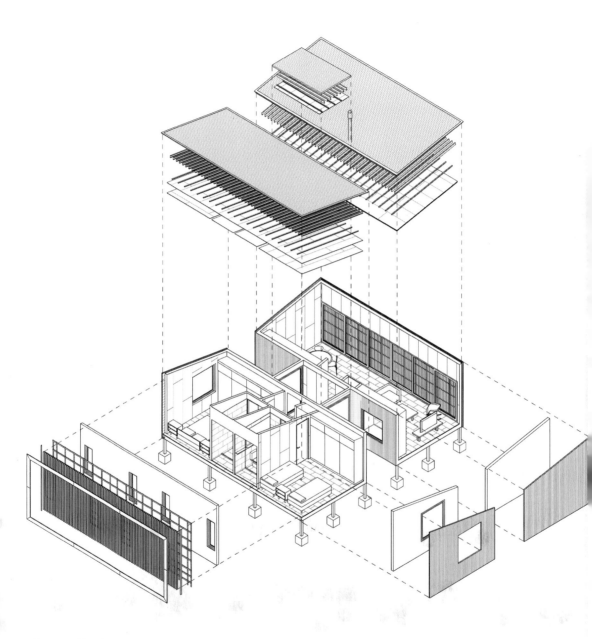

Axonometric plan

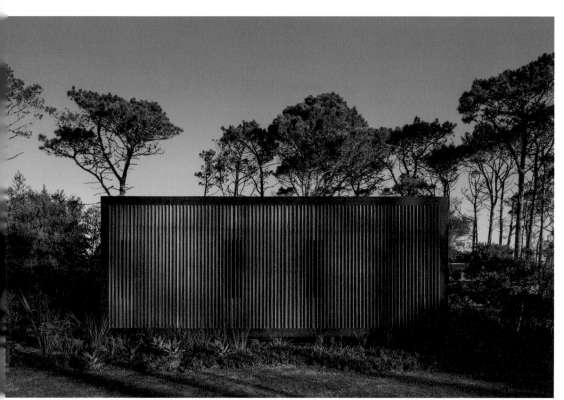

ANNA STAY
CASPAR SCHOLS

Location Wildlife reserve De Biesbosch, The Netherlands **Surface area** 323 sf. **Photographs** © Jorrit't Hoen and Tõnu Tunne

The versatile wooden cabin ANNA Stay from the Dutch designer Caspar Schols has won the internationally acclaimed 2021 Architizer A+Awards Project of the Year Award. The architectural award follows after ANNA Stay was selected as the Jury Winner in the Architecture +Living Small category. ANNA Stay is a dynamic wooden home in the shape of an open platform to live with the elements, by playing with the configuration of its layers. ANNA Stay offers the possibility to adjust the wooden exterior and glass interior layers to any occasion, mood, or weather condition.

The idea of ANNA Stay came about from a desire to live with the elements of nature instead of shielding off from them. "Actually, it's mainly about being outside. About creating the dynamic interaction between you, cabin ANNA as your home and nature." The cabin has two different 'shells' as outer walls, supported on rails. The inner wall consists of a framework of wood and glass and is separated from the roofed wooden outer wall. By shifting the shells and the glass framework, different setups are possible. "Just like you adjust your clothes to the weather, your mood or the occasion," Schols continues.

Thanks to its ability to adapt and change, ANNA allows you to follow your senses. "She gives the freedom to live among an abundance of life and cultivates a sense of belonging. You are a part of everything that is around you. I believe everyone recognises this feeling deeply from within." Schols says.

La versátil cabaña de madera ANNA Stay del diseñador holandés Caspar Schols ha ganado el premio Architizer A+Awards Project of the Year 2021, aclamado internacionalmente. El premio de arquitectura sigue después de que ANNA Stay fuera seleccionada como ganadora del jurado en la categoría Arquitectura + Vida Pequeña. ANNA Stay es una casa de madera dinámica en forma de plataforma abierta para convivir con los elementos y juega con la configuración de sus capas. ANNA Stay ofrece la posibilidad de ajustar el exterior de madera y las capas interiores de vidrio a cualquier ocasión, estado de ánimo o condición climática.

La idea de ANNA Stay surgió del deseo de vivir con los elementos de la naturaleza en lugar de protegerse de ellos. "En realidad, se trata principalmente de estar afuera. Acerca de crear la interacción dinámica entre usted, el habitáculo ANNA como su hogar y la naturaleza". El habitáculo tiene dos 'carcasas' diferentes como paredes exteriores, apoyadas sobre rieles. El muro interior consiste en un marco de madera y vidrio y está separado del muro exterior de madera techado. Cambiando las carcasas y el marco de vidrio, son posibles diferentes configuraciones. "Al igual que ajustas tu ropa al clima, tu estado de ánimo o la ocasión", continúa Schols.

Gracias a su capacidad de adaptación y cambio, ANNA le permite seguir sus sentidos. "Ella da la libertad de vivir entre la abundancia de la vida y cultiva el sentido de pertenencia. Eres parte de todo lo que te rodea. Creo que todos reconocen este sentimiento profundamente desde adentro", dice Schols.

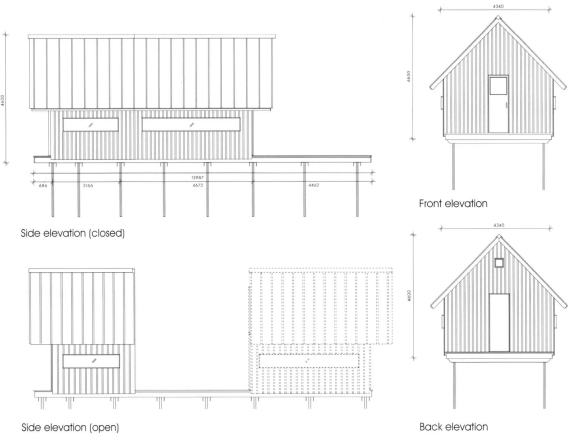

Side elevation (closed)

Front elevation

Side elevation (open)

Back elevation

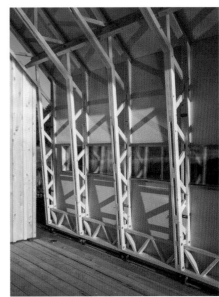

ANNA Stay derives its stability from a unique structure that has its origin in buildings such as railway stations, which rely only on the side walls for structural integrity. That's where the beautifully crafted wooden trusses come from.

ANNA Stay deriva su estabilidad de una estructura única que tiene su origen en edificios como las estaciones de tren, que se basan únicamente en las paredes laterales para la integridad estructural: de ahí provienen las cerchas de madera cuidadosamente elaboradas.

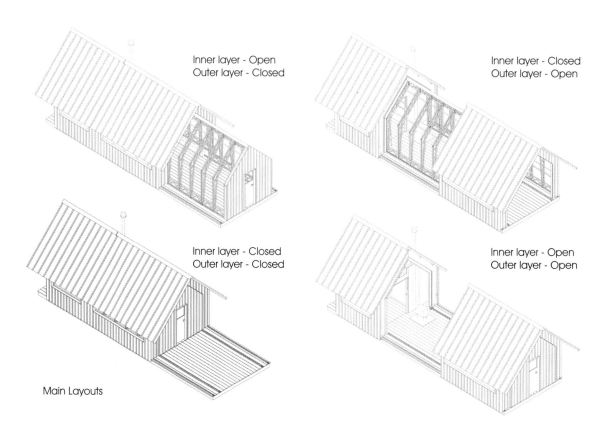

Inner layer - Open
Outer layer - Closed

Inner layer - Closed
Outer layer - Open

Inner layer - Closed
Outer layer - Closed

Inner layer - Open
Outer layer - Open

Main Layouts

INDIGO DUNJA
WOONPIONIERS

Location Noordoost-Groningen, Nederlands **Photographs** © Henny van Belkom

Indigo is a modular building system made of biobased materials, which provides a large degree of design freedom. Each Indigo belongs to the same family yet is different, tailored to its location and resident(s).

Indigo saw the light of day on the drawing board of Woonpioniers in 2018. At the cutting edge, between efficient production methods and personal architecture, with Indigo we wanted to put an affordable, extremely healthy housing concept into the world. Since then, a multitude of wonderful projects have seen the light. This here, is the first Indigo. It's in the north-east of Groningen: earthquake area!

Every Indigo begins with the creation of a sketch design, in which we try to get the most out of you. That is where the fun is for us, in refining and personalizing each design.

Together with Dunja, we decided to place her house a little higher above ground level and to surround it with a deck. This provides a beautiful view over the adjacent canal and a spacious feeling, despite the compact size of the house. We also paid extra attention to the façade; it is finished with Xyhlo Biofinish, a harmless mould that protects the wood against rot in a natural way and has a beautiful matt black appearance.

As a smart building system, Indigo has some major advantages over traditional house building; for example, the various 'modules' are prefabricated under controlled conditions and are often assembled on site within a day. Walls and roof are self-supporting; there is no need to take load-bearing columns or fixed interior walls into account. This results in personal and creative floor plans and interiors. Together with selected contractors, this building system saves on time, risks and costs, thus keeping personalized, bio-based architecture affordable.

Indigo es un sistema de construcción modular hecho de materiales de base biológica que proporciona un alto grado de libertad de diseño. Cada Indigo pertenece a la misma familia pero es diferente, ya que se adapta a su ubicación y residente(s).

Indigo vio la luz del día en el tablero de dibujo de Woonpioniers en 2018. A la vanguardia, entre métodos de producción eficientes y arquitectura personal, con Indigo queríamos poner en el mundo un concepto de vivienda asequible y extremadamente saludable. Desde entonces, multitud de maravillosos proyectos han visto la luz. Este de aquí, es el primer Índigo. Está en el noreste de Groningen: ¡zona de terremotos!

Todo Indigo comienza con la creación de un boceto de diseño, en el que tratamos de sacarle el máximo partido. Ahí es donde está la diversión para nosotros, en refinar y personalizar cada diseño.

Junto con Dunja, decidimos colocar su casa un poco más arriba del nivel del suelo y rodearla con una cubierta. Esto proporciona una hermosa vista sobre el canal adyacente y una sensación de amplitud, a pesar del tamaño compacto de la casa. También prestamos especial atención a la fachada; está acabada con Xyhlo Biofinish, un molde inocuo que protege la madera contra la podredumbre de forma natural y ofrece un hermoso aspecto negro mate.

Como sistema de construcción inteligente, Indigo tiene algunas ventajas importantes sobre la construcción de viviendas tradicionales; por ejemplo, los diversos "módulos" se prefabrican en condiciones controladas y, a menudo, se ensamblan en el sitio en un día. Las paredes y el techo son autoportantes; no es necesario considerar columnas portantes o paredes interiores fijas. Esto da como resultado planos de planta e interiores personales y creativos. Junto con contratistas seleccionados, este sistema de construcción ahorra tiempo, riesgos y costos, manteniendo, así, asequible la arquitectura personalizada de base biológica.

Floor plans BG

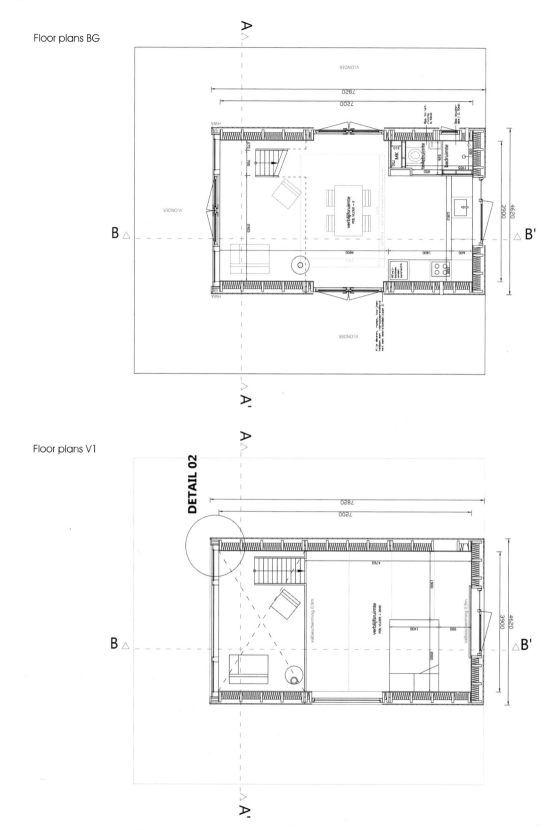

Floor plans V1

DETAIL 02

1220 E. 12TH STREE
Studio 804

Location Lawrence, KS, USA **Surface area** 1500 sf. **Photographs** © Studio804

This house is an example of Studio 804's mission to build creative, sustainable housing in established but marginal urban neighborhoods. Many of which are being revitalized by the growing interest in housing with easy access to the public amenities that are part of a healthy, centralized community.

The project includes the 1500 sf 3 bedroom primary house and a 400 sf studio accessory dwelling that can be used for and extended family member, Airbnb or rental income. The buildings were designed to minimizes energy consumption and solar panels on the roof generate enough electricity to operate the house at net zero energy use over a calendar year.

The east side of the house opens through unobstructed glazing to the tree. The south elevation is clad with fitted glass that blocks 80 percent of sun but lets daylight enter the living room. The other elevations are finished with glass secured to the outside of insulated metal panels to create a continuous glass box.
The potential negative of the site being in a flood plain was made into a positive by carefully composing the glass box dwellings on concrete plinths of the required height. They seemingly hover within the park like setting created by the magestic oak tree and Brook Creek Park which is adjacent to the east.

The defining sustainable feature on this house is the management and conservation of water. Low flow faucets, shower heads, and toilets were utilized to greatly reduce the amount of water consumed by the homeowner. All but one of the fixtures are water sense rated and an energy-star rated heat pump was installed. The fixtures are minimally distanced from the water heaters to reduce heat loss.

Esta casa es un ejemplo de la misión de Studio 804 de construir viviendas creativas y sostenibles en barrios urbanos consolidados pero marginales, muchos de los cuales están siendo revitalizados por el creciente interés en viviendas con fácil acceso a los servicios públicos que forman parte de una comunidad saludable y centralizada.

El proyecto incluye la casa principal de 3 dormitorios de 1500 pies cuadrados y una vivienda accesoria de estudio de 400 pies cuadrados que se puede usar para un miembro más de la familia, Airbnb o ingresos de alquiler. Los edificios fueron diseñados para minimizar el consumo de energía y los paneles solares en el techo generan suficiente electricidad para operar la casa con un uso neto de energía cero durante un año natural.

El lado este de la casa se abre al árbol a través de un acristalamiento sin obstrucciones. La fachada sur está revestida con vidrios ajustados que bloquean el 80 por ciento del sol pero permiten que la luz del día entre en la sala de estar. El resto de elevaciones están terminadas con vidrio asegurado al exterior de paneles metálicos aislados para crear una caja de vidrio continua.
El potencial negativo de que el sitio se encuentre en una llanura aluvial se convirtió en positivo al componer cuidadosamente las viviendas de caja de vidrio sobre zócalos de hormigón de la altura requerida. Aparentemente, flotan dentro del entorno similar a un parque creado por el majestuoso roble y el parque Brook Creek, que se encuentra junto al este.

La característica sostenible definitoria de esta casa es la gestión y conservación del agua. Se utilizaron grifos de bajo flujo, cabezales de ducha e inodoros para reducir en gran medida la cantidad de agua consumida por el propietario. Todos menos uno de los accesorios tienen clasificación de detección de agua y se instaló una bomba de calor con clasificación Energy Star. Los accesorios se encuentran mínimamente distanciados de los calentadores de agua para reducir la pérdida de calor.

The building envelope on the 12th Street house is exceptionally air tight, highly insulated and uses an efficient mechanical system to assure a healthy and comfortable interior environment. The materials are all chosen to avoid the unnecessary use of resources and do not emit toxins by off gassing. All the appliances and fixtures are Energy Star rated. The windows and doors are high performance. The roofing is a reflective membrane that reduces heat absorption. The roof also supports the array of photovoltaics that power the house.

La envolvente de la edificación en la casa de la Calle 12 es excepcionalmente hermética, altamente aislada y utiliza un sistema mecánico eficiente para asegurar un ambiente interior saludable y confortable. Todos los materiales se eligen para evitar el uso innecesario de recursos y no emiten toxinas por emisión de gases. Todos los electrodomésticos y accesorios tienen calificación Energy Star. Las ventanas y puertas son de alto rendimiento. El techado es una membrana reflectante que reduce la absorción de calor. El techo también soporta la matriz de energía fotovoltaica que alimenta la casa.

Legend Main house:
1. Living room.
2. Kitchen.
3. Flex room.
4. Mechanical/Laundry room.
5. Full bathroom.
6. Bedroom.
7. Master bathroom.
8. Walk-in closet.
9. Master bedroom.

Accessory dwelling:
10. Studio.
11. Kitchen.
12. Bathroom.

Site:
13. Driveway.
14. Parking.
15. Storm shelter.

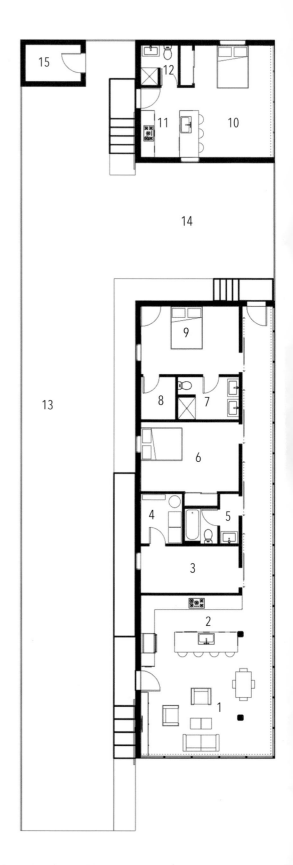

1200 PENNSYLVANIA HOUSE
Studio 804

Location Lawrence, KS, USA **Surface area** 1600 sf. **Photographs** © Dan Rockhill

There has been a trend toward empty nesters moving from the suburbs back to the urban amenities and proximities that the suburbs do not offer. This house is in a historic neighborhood, a short walk from a grocery store, a grade school, a community center, and the downtown of Lawrence, Kansas.

The 1600 sf house features an airtight, highly insulated thermal envelope, efficient Light fixtures and appliances, as well as a high-performance mechanical system. These design characteristics, in combination with a photovoltaic array on the roof and the proper orientation to take advantage of the sun and wind, will assure the owner little or no energy costs. This all was accomplished while meeting the design requirement to build within the environs of a listed historic property nearby.

The house occupies a lot and a half and generously engages the site. The focal point is the South facing courtyard. It is sheltered from the North winds to maximize its use through the year, and a rain garden collects the storm runoff to support the growth of native plants. Nearly every room opens to the garden and the windows allow winter sun to heat the concrete mass of the floors.

The front elevation is composed of two gables that are joined by an entry foyer. To the left is the living room and to the right is the kitchen. It is the social heart of the residence and has views to the rest of the house, the courtyard, and the street.

The unassuming forms, the standing seam roof, the half round gutters and the minimal trim detailing was all done to emphasize the character of the horizontally run cedar which was reclaimed from railroad bridge trestles that have been dismantled by the logging industry.

Ha habido una tendencia a que los nidos vacíos se muden de los suburbios a las comodidades urbanas y las proximidades que los suburbios no ofrecen. Esta casa se encuentra en un vecindario histórico, a pocos pasos de una tienda de comestibles, una escuela primaria, un centro comunitario y el centro de Lawrence, Kansas.

La casa de 1600 pies cuadrados cuenta con una envoltura térmica hermética y altamente aislada, accesorios de iluminación y electrodomésticos eficientes, así como un sistema mecánico de alto rendimiento. Estas características de diseño, en combinación con una matriz fotovoltaica en el techo y la orientación adecuada para aprovechar el sol y el viento, asegurarán al propietario costos de energía mínimos o nulos. Todo esto se logró mientras cumplía con los requisitos de diseño para construir dentro de los alrededores de una propiedad histórica cercana catalogada.

La casa ocupa un lote y medio, y se dedica generosamente al solar. El punto principal es el patio orientado al sur. Está protegido de los vientos del norte para maximizar su uso durante todo el año, y un jardín de lluvia recoge la escorrentía de las tormentas para apoyar el crecimiento de las plantas nativas. Casi todas las habitaciones se abren al jardín y las ventanas permiten que el sol de invierno caliente la masa de hormigón de los pisos.

La elevación frontal se compone de dos hastiales que están unidos por un vestíbulo de entrada. A la izquierda se encuentra la sala de estar y, a la derecha, la cocina. Esta última representa el corazón social de la residencia y tiene vistas al resto de la casa, al patio y a la calle.

Las formas sencillas, el techo de costura alzada, las canaletas semicirculares y los detalles mínimos de las molduras se hicieron para enfatizar el carácter del cedro corrido horizontalmente que se recuperó de los caballetes del puente del ferrocarril y han sido desmantelados por la industria maderera.

Floor plan

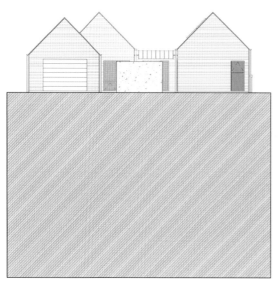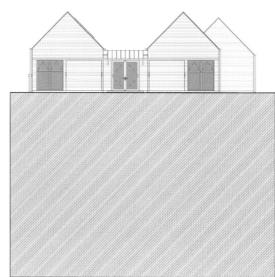

Elevations

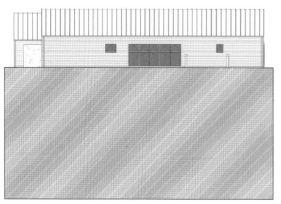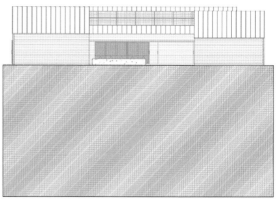

Elevations

SINGLE-FAMILY HOME
Pavel Horák | Prodesi

Location Jizera Mountains, Czech Republic **Surface area** 1,539 sf. **Photographs** © Lina Németh

The basic materials from which this house is constructed are traditionally used to build simple rectangular huts with gabled roofs, which are characteristic of the Jizera Mountains region in the Czech Republic. The design, with its wooden structure that rests cantilevered on a stone plinth as though moved from its original situation by a flood, is one of the wonders of the region.

The design adapts the house perfectly to the land it occupies. The west-facing plot offers a beautiful panoramic view of the valley. The terrain is quite rocky and has a prominent rock formation on the southwest flank, which is cleverly exploited by the Prodesi design to offer a beautiful view of the entire region.
The facade of the house is composed of long vertical interlocking larch planks whose characteristic tone was acquired naturally outdoors. The window frames, shadows, and metal roof are charcoal gray, a color that is consistent with the traditional wooden houses of the area, allowing the house to integrate fully with its environment.

Los materiales básicos utilizados en la construcción de esta vivienda son los tradicionalmente usados en las sencillas cabañas rectangulares, con techos a dos aguas, características de la región de las montañas de Jizera, en la República Checa. El diseño, con una estructura de madera que descansa en voladizo sobre un zócalo de piedra, como si una avalancha la hubiera desplazado de su ubicación original, es una de las maravillas de la región.

El diseño consigue que la vivienda se adapte a la perfección al terreno que ocupa. La parcela, orientada hacia el oeste, cuenta con una hermosa vista panorámica del valle. El terreno es bastante rocoso, incluso con una prominente formación de roca en el margen suroeste que, aprovechada inteligentemente por el diseño de Prodesi, ofrece también una hermosa vista de toda la región.
La fachada de la casa la componen largos tablones verticales de alerce entrelazados, que adquirieron su característico tono de forma natural a la intemperie.
Los marcos de las ventanas, las sombras y el techo de metal son de color gris carbón, un color en consonancia con las casas de madera tradicionales de la zona y que permiten que la vivienda culmine su integración total con el entorno.

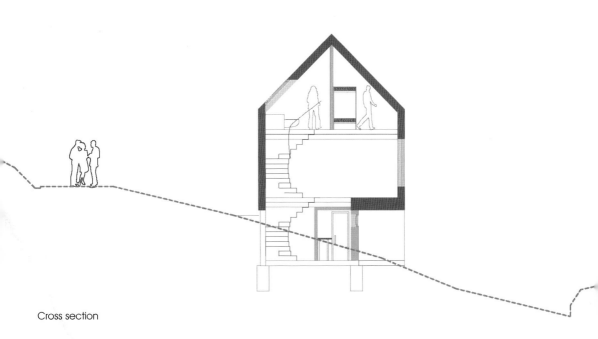

Cross section

First floor

9
6
7
8
10
5
4

Attic floor

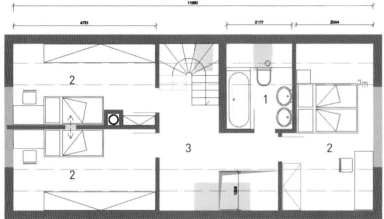

2
2
2
1
3
2

Basement

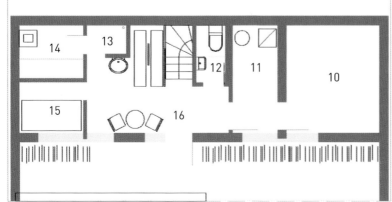

14
13
12
11
10
15
16

1. Bathroom.
2. Bedrooms.
3. Play space.
4. Terrace.
5. Living room.
6. Covered terrace.
7. Vestibule.
8. Entrance hall.
9. Kitchen.
10. Storage room.
11. Utility room / Laundry room.
12. Toilet.
13. Shower.
14. Sauna.
15. Pool.
16. Hall.

The wood widely used throughout the interior has varied shapes and finishes. The large, sliding doors are made of fir, while the main living room floor is polished oak.

La madera, en variadas formas y acabados, se utiliza ampliamente en el interior. Las grandes paredes sólidas y deslizantes son de abeto, mientras que el suelo de la sala de estar principal es de roble pulido.

THE ANYWHERE HOUSE
WHITAKER STUDIO

Location Montana **Surface area** 3.767 sf. **Photographs** © Whitaker studio

Following the publicity whirlwind that engulfed Joshua Tree in the autumn of 2017, we started receiving enquiries about whether the house could be reproduced en masse, or whether we had a design that could be purchased off the shelf. People were making enquiries for holiday resorts in Jordan, or a series of Airbnb retreats across the United States, or sometimes just wanting to buy a unique prefabricated holiday house for Aspen or the Hamptons.

I think a lot of these enquiries came about because the Starburst House is created out of shipping containers, so people maybe perceived it as easily transportable. The joy of that project though is taking something that is highly generic and transportable and turning that into something very unique and site-specific. Basically, if I was going to design a mass produce-able house the Starburst House wouldn't be it. But that raises the question, what would be my answer to a prefabricated house?

The starting point was that I wanted there to be the potential that no two homes look the same - every client's home to be unique. And I wanted to create a design that, using standard elements, could create a 5-bed hilltop house or a 1-bed lake edge villa, associated with a hotel.

So far we've designed 3 different bedroom units, a living room unit, a kitchen unit, an entrance hall unit, a bathroom unit a study unit and a garage unit, and with time this will be expanded upon. Each unit has two or more openings that can be the point of connection to the next unit or can be capped with a window or door. So every time you add another unit there are at least 2 orientations for that unit, and with no limit on how many units you can daisy-chain together, there is an infinite number of possibilities.

The germ of an idea for the Anywhere House came from an amalgamation of years spent working on hotel projects, where there is normally the simple recipe of corridor - bathroom - bedroom - window, and a piece of rock climbing equipment called a hex which has an irregular shape that can be orientated in a variety of different ways allowing it to fit snuggly into different sized cracks.

Tras el torbellino publicitario que azotó a Joshua Tree en el otoño de 2017, empezamos a recibir consultas sobre si la casa se podía reproducir en masa o si teníamos un diseño que se podía comprar. La gente hacía consultas sobre complejos turísticos de vacaciones en Jordania, o una serie de jubilaciones de Airbnb en los Estados Unidos, o, a veces, incluso querían comprar una casa de vacaciones prefabricada única para Aspen o los Hamptons.

Creo que muchas de estas consultas surgieron porque Starburst House se creó a partir de contenedores de transporte, por lo que las personas tal vez la percibieron como fáciles de transportar. Sin embargo, lo bonito de ese proyecto es tomar algo que es altamente genérico y transportable, y convertirlo en algo muy único y específico del sitio. Básicamente, si yo fuera a diseñar una casa capaz de producir en masa, la Starburst House no lo sería. Pero eso plantea la pregunta, ¿cuál sería mi respuesta a una casa prefabricada?

El punto de partida fue que quería que existiera la posibilidad de que no hubiera dos casas iguales, que la casa de cada cliente sea única. Quería crear un diseño que, usando elementos estándar, pudiera crear una casa de 5 dormitorios en la cima de una colina o una villa de 1 dormitorio junto al lago, asociada con un hotel.

Hasta ahora hemos diseñado 3 unidades de dormitorio diferentes, una unidad de sala de estar, una unidad de cocina, una unidad de entrada, una unidad de baño, una unidad de estudio y una unidad de garaje (y con el tiempo esto se ampliará). Cada unidad tiene dos o más aberturas que pueden ser el punto de conexión con la siguiente unidad o pueden cubrirse con una ventana o puerta. Entonces, cada vez que agrega otra unidad, hay al menos 2 orientaciones para esa unidad, y sin límite en la cantidad de unidades que puede conectar en cadena, hay un número infinito de posibilidades.

El germen de una idea para Anywhere House surgió de una amalgama de años de trabajo en proyectos hoteleros, donde normalmente existe la receta simple de pasillo - baño - dormitorio - ventana, y un equipo de escalada en roca llamado hexágono que tiene un forma irregular que se puede orientar en una variedad de formas diferentes, lo que le permite encajar cómodamente en grietas de diferentes tamaños.

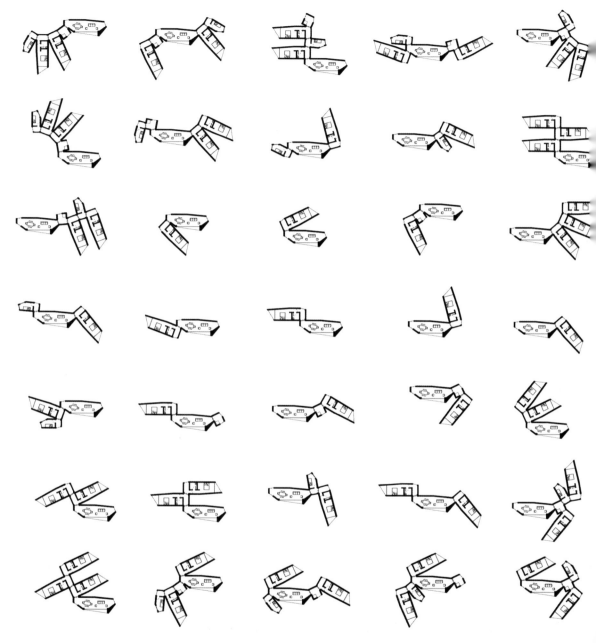

Plan variations

SOUTH HOUSE
WOONPIONIERS

Location Nederlands **Photographs** © Henny van Belkom

What do the current environmental issues mean for the way we build and live? And how, within architecture, do we respond with vision to the energy transition? We explored these questions in designing South House.

By designing with the elements, the seasons and the rhythm of the day, we have combined an integrated energy plan with "a life outdoors". Instead of just adding sustainability halfway through the design process (through choice of materials or installations) we have focused on basic, energetic principles right from the start. In this way, the heating, cooling and energy demand of South House have largely been answered passively.

The triangular shape and positioning of the house, combined with a spectacular veranda, provides shade in the summer but captures plenty of solar heat in the winter. And in the morning and evening, sunlight softly lights up the ceiling through windows in the side walls.

The roof is fully equipped with triple solar panels. All installations are integrated in the design and are not visible or audible. South House produces a surplus of energy and already supplied power to surrounding projects during the construction phase of the neighborhood.

¿Qué significan los problemas ambientales actuales para la forma en que construimos y vivimos? ¿Y cómo, dentro de la arquitectura, respondemos con visión a la transición energética? Exploramos estas preguntas al diseñar South House.

Al diseñar con los elementos, las estaciones y el ritmo del día, hemos combinado un plan energético integrado con "una vida al aire libre". En lugar de simplemente agregar sostenibilidad a la mitad del proceso de diseño (a través de la elección de materiales o instalaciones), nos hemos centrado en principios energéticos básicos desde el principio. De esta forma, la demanda de calefacción, refrigeración y energía de South House se ha respondido en gran parte de forma pasiva.

La forma triangular y el posicionamiento de la casa, combinados con una terraza espectacular, aportan sombra en el verano pero capturan mucho calor solar en el invierno. Además, por la mañana y por la tarde, la luz del sol ilumina suavemente el techo a través de las ventanas de las paredes laterales.

El techo está totalmente equipado con paneles solares triples. Todas las instalaciones están integradas en el diseño y no son visibles ni audibles. South House produce un excedente de energía y ya suministró energía a los proyectos circundantes durante la fase de construcción del vecindario.

Floor plans BG

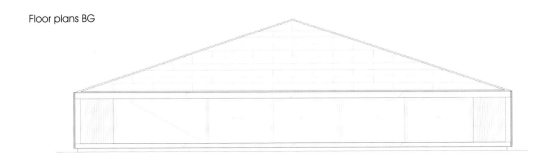

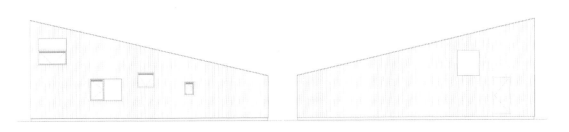

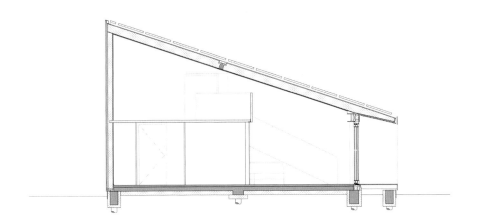

Floor plans BG

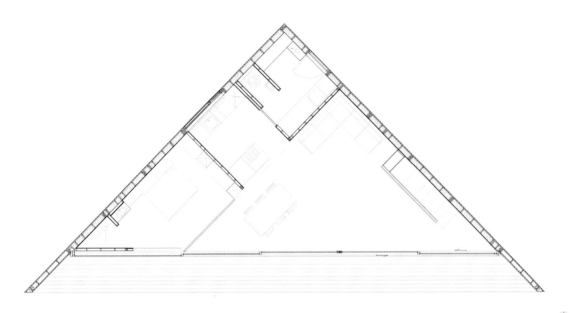

0   4m

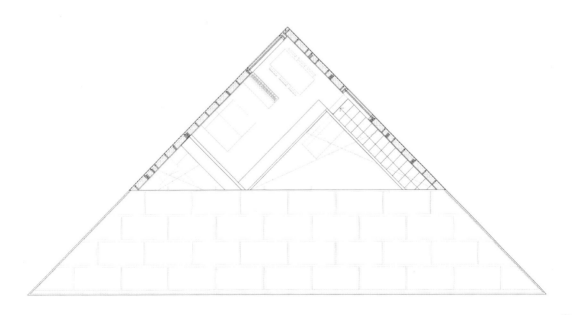

0   4m